Ayudemos al planeta a ponerse bien
VACUNAS CONTRA LA COVID

Texto de Beth Bacon   Ilustraciones de Kary Lee

Traducción de Norma Kaminsky

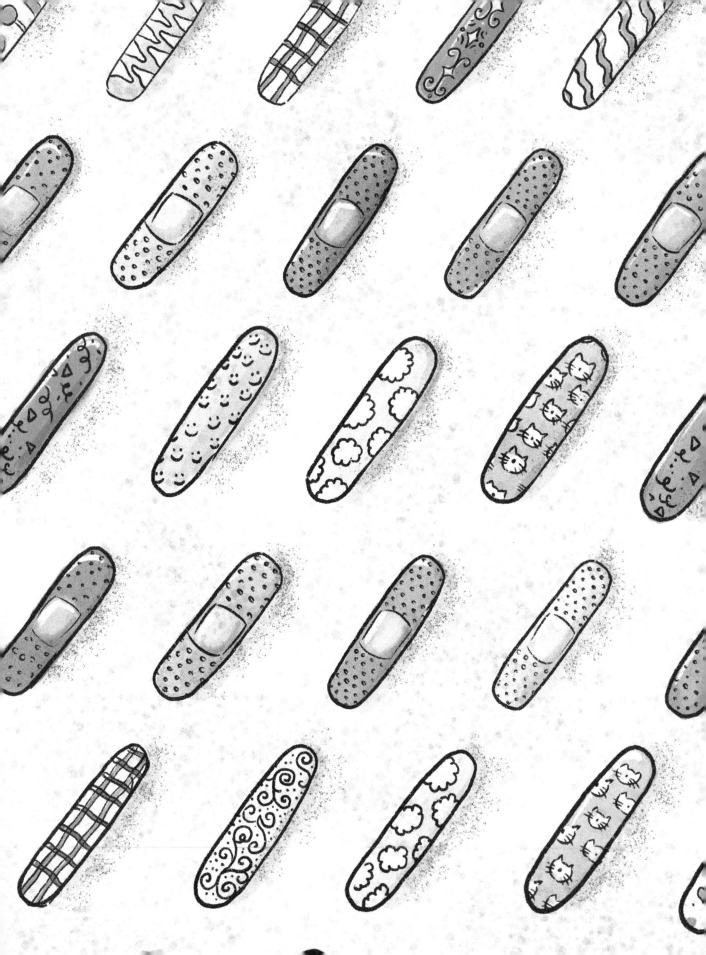

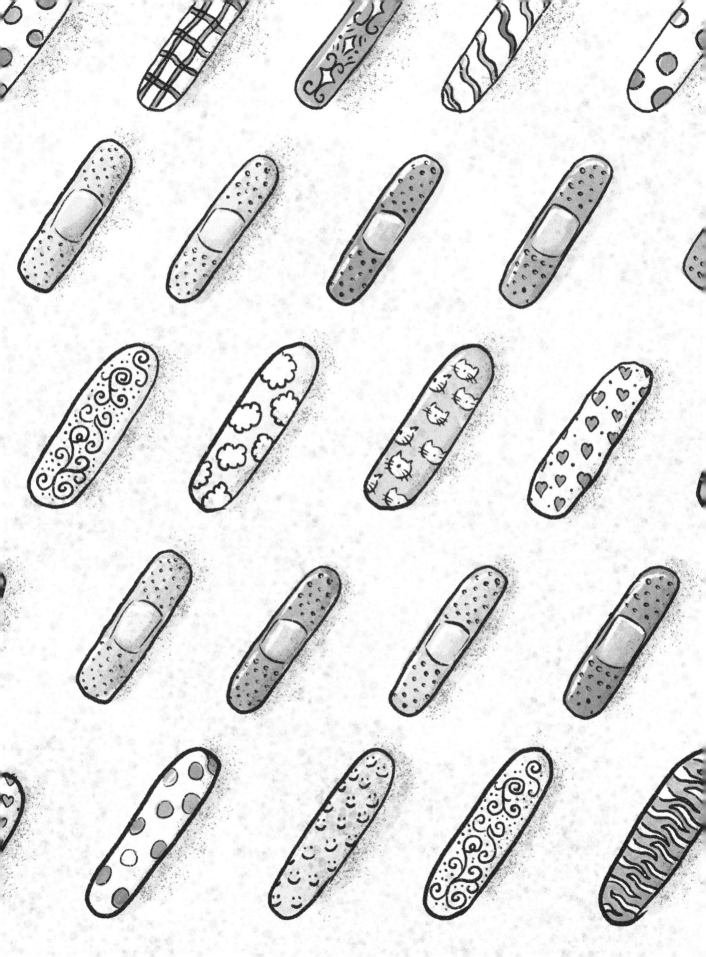

BLAIR

Blair
811 Ninth Street, Suite 120-137, Durham, NC 27705
www.blairpub.com

©2021, Beth Bacon, por el texto | ©2021, Kary Lee, por las ilustraciones | ©2021, Norma Kaminsky, por la traducción

Ediciones:
Tapa dura en inglés (ISBN: 978-1-949467-73-4)
Rústica en inglés (ISBN: 978-1-949467-74-1)
Rústica en español (ISBN: 978-1-949467-76-5)

Ayudemos al planeta
a ponerse bien
VACUNAS
CONTRA LA
COVID

Cuando apareció el coronavirus, las personas hicieron muchas cosas nuevas para mantenerse sanas.

Yo usé mascarilla, y todos nos mantuvimos a seis pies de distancia.

Fui a la escuela en línea y practiqué karate al aire libre.

El desfile de verano se canceló,
pero yo hice el mío propio.

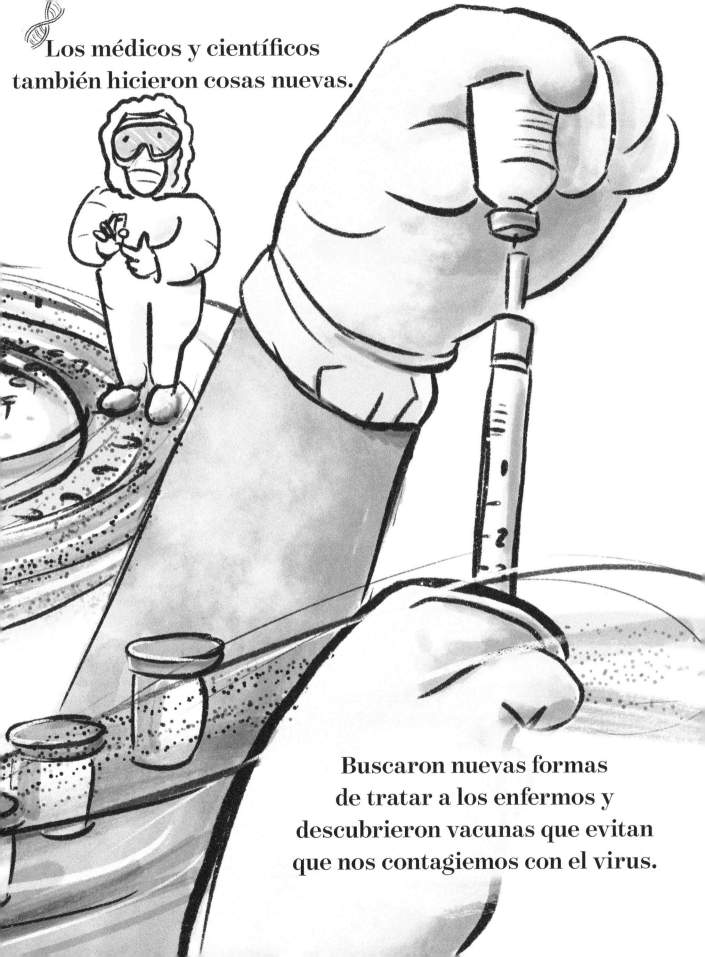

Pero una cosa nueva
que yo no quería hacer
era ponerme la vacuna.
¿Y si me hacía llorar?
¿Y si me hacía sangrar?
¿Y si me enfermaba?

Mi abuelo Dan dijo: "Ya me vacuné contra la Covid.
Ahora no me da tanto miedo ir de compras".

Era un buen punto.

"Ya me vacuné contra la Covid", dijo la tía Rosa. "Ahora siento que es menos peligroso ir al trabajo".

Ese también era un buen punto.

Pero de todos modos yo no quería que me pusieran una inyección en el brazo. No quería que me doliera.

A mi amigo Wesley no le permitieron ponerse la vacuna contra la Covid debido a algo en su organismo.

Le dije que tenía suerte.

"Tú eres el que tiene suerte", me dijo Wesley. "Estás sano y puedes vacunarte. Si yo pudiera ponerme la vacuna, sería el primero en la cola".

"Cambiemos de lugar", le dije. "Tú ponte mi vacuna".

"Se van a dar cuenta de que no soy tú". Movió la cabeza.
"Pero si tú te vacunas, eso me ayudará a mí también".

"¿Cómo puede ayudarte a ti que yo me vacune?"

"La vacuna no sólo impide que el virus de Covid se disemine en tu cuerpo", explicó. "También impide que se disemine fuera de tu cuerpo. Si hay menos gérmenes en el aire, es menos probable que yo me enferme".

Wesley hizo un muy buen argumento. Me puse a pensar en sus palabras.

Si suficientes chicos en la clase se vacunan, eso podría proteger a toda la escuela.

Si suficientes personas en el barrio se vacunan,
eso podría proteger a toda la ciudad.

Si suficientes personas en cada estado y cada
país se vacunan, eso podría eliminar la pandemia
en todo el mundo.

Así que cuando me llegó el turno de vacunarme

me subí la manga.

En un instante ya todo
había pasado.

No lloré. No sangré.

Fue apenas un diminuto
pinchazo.

De todas las cosas nuevas
que hice durante la
pandemia de Covid,
esta es probablemente
la más pequeña.

Pero si todos los chicos del planeta
hacen esta pequeña cosa, podemos
ayudar a hacer una gran diferencia
por el bien de todo el mundo.

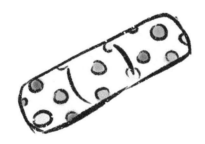

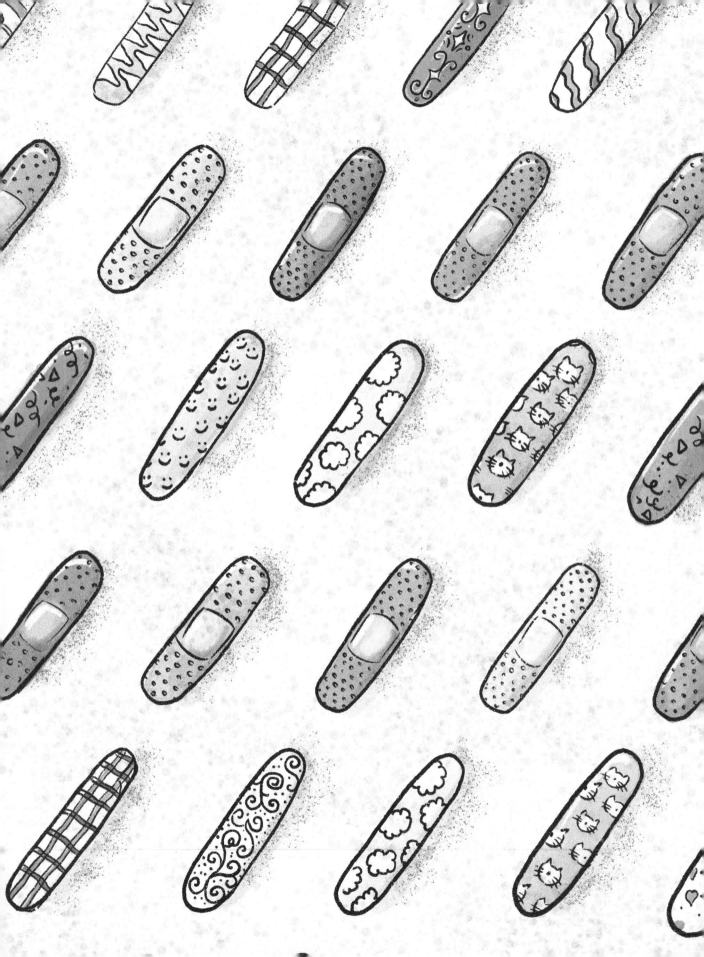

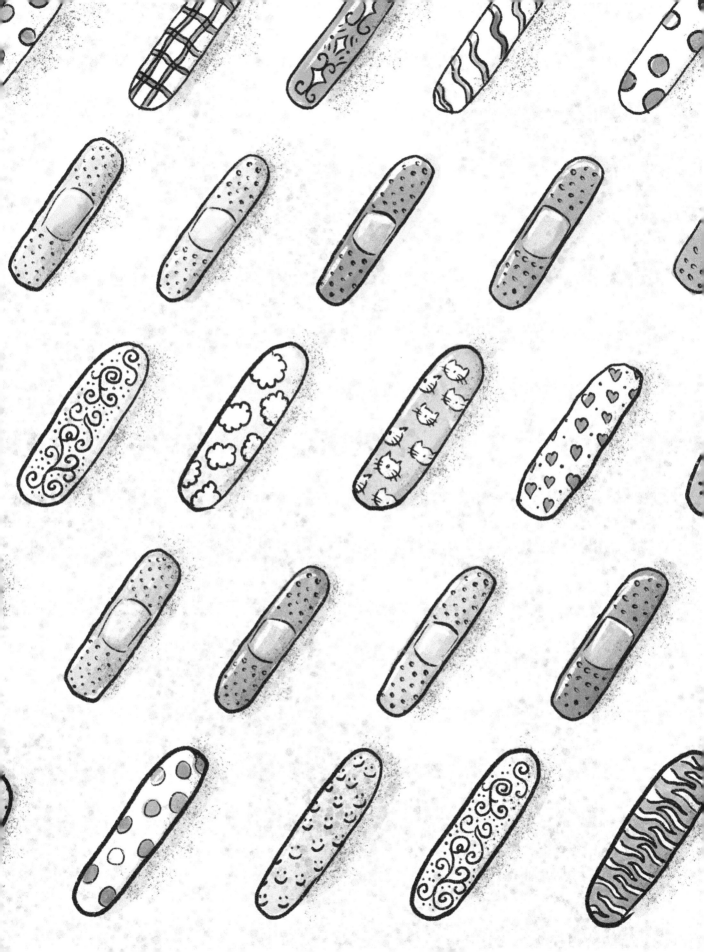

INFORMACIÓN SOBRE LAS VACUNAS

Las vacunas protegen contra las enfermedades porque le enseñan al organismo a reconocer y combatir los virus. Esta protección se llama *inmunidad*.

La vacuna no sólo evita que tú te enfermes. También impide que le pases la infección a otras personas.

La inmunidad colectiva ocurre cuando suficientes personas se han vacunado y el virus no tiene a dónde propagarse.

La inmunidad colectiva protege a las personas que, como Wesley, no pueden vacunarse, tienen problemas del sistema inmunitario o están recibiendo quimioterapia.

MIENTRAS ESPERAMOS LLEGAR A LA INMUNIDAD COLECTIVA, PODEMOS RETARDAR LA PROPAGACIÓN DE LA COVID-19

- Ponte la mascarilla cuando salgas.
- Mantente a seis pies de distancia de las personas con quienes no vives.
- Lávate las manos a menudo y con mucha agua caliente y jabón.
- No vayas a reuniones en interiores donde hayamucha gente.
- Si estás enfermo, quédate en casa hasta que te sientas mejor, o visita al médico.

CPSIA information can be obtained
at www.ICGtesting.com
Printed in the USA
JSHW041920301121
20865JS00001B/1